JENS SCHUMACHER

VERRÜCKTE  LÜCKEN

AUSFÜLLEN - VORLESEN - ABLACHEN

TOTAL
FESSELNDE
KRIMIGESCHICHTEN

Loewe

VERRÜCKTE LÜCKEN

ist ein durchgedrehtes, ganz und gar unsinniges Textspiel, das man allein oder mit Freunden spielen kann. Die Regeln sind kinderleicht.

SPIELREGELN

Zu Beginn füllst du die Seite WORTVORRAT (vor jeder **VERRÜCKTE LÜCKEN**-Geschichte) aus. Diese Liste sieht immer etwas anders aus.

In jede Zeile setzt du ein Wort der gesuchten Gattung ein.

WICHTIG: Du darfst dir die **VERRÜCKTE LÜCKEN**-Geschichte auf der folgenden Seite noch <u>NICHT</u> ansehen!

Zur Erinnerung:

Ein Verb (auch „Tuwort")

Meistens ist die Grundform gefordert,
z. B. „rennen", „essen" oder „schwimmen".

Wird das Verb in einer bestimmten Person benötigt, musst du es anpassen, z. B. ER, SIE oder ES „rennt" oder „schwimmt".

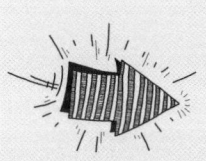

TIPP: Verben, die eine konkrete Tätigkeit beschreiben, z. B. „rufen" oder „fliegen", funktionieren am besten. Verben wie „sein" oder „haben" oder zusammengesetzte Verben wie z. B. „anspringen" oder „zurückblicken" führen dazu, dass der Text sich später ein bisschen holprig liest.

Ein Nomen (auch „Hauptwort" oder „Namenwort")

bezeichnet **NAMEN, LEBEWESEN, DINGE** oder **EREIGNISSE** (z. B. „Haus" oder „Fisch").

 Damit die Wörter besser in den Text passen, ist manchmal vorgegeben, ob es **DER, DIE** oder **DAS** sein soll.

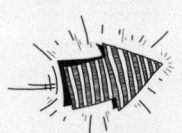 Meistens ist die **EINZAHL** gefordert, manchmal auch die **MEHRZAHL** (z. B. „Häuser" oder „Fische").

Ein Adjektiv (auch „Wiewort")

beschreibt, **WIE** jemand oder etwas ist, z. B. „bunt" oder „dumm".

 Alle anderen Wörter erklären sich von selbst (z. B. Körperteil oder Farbe).

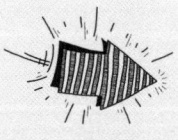 Sollte ein **LAND** gefragt sein, wähle eines ohne Artikel, z. B. „Deutschland" oder „Indien". (Die Schweiz oder die Türkei scheiden leider aus.)

Hast du alle Felder ausgefüllt,
sieht dein WORTVORRAT z. B. so aus:

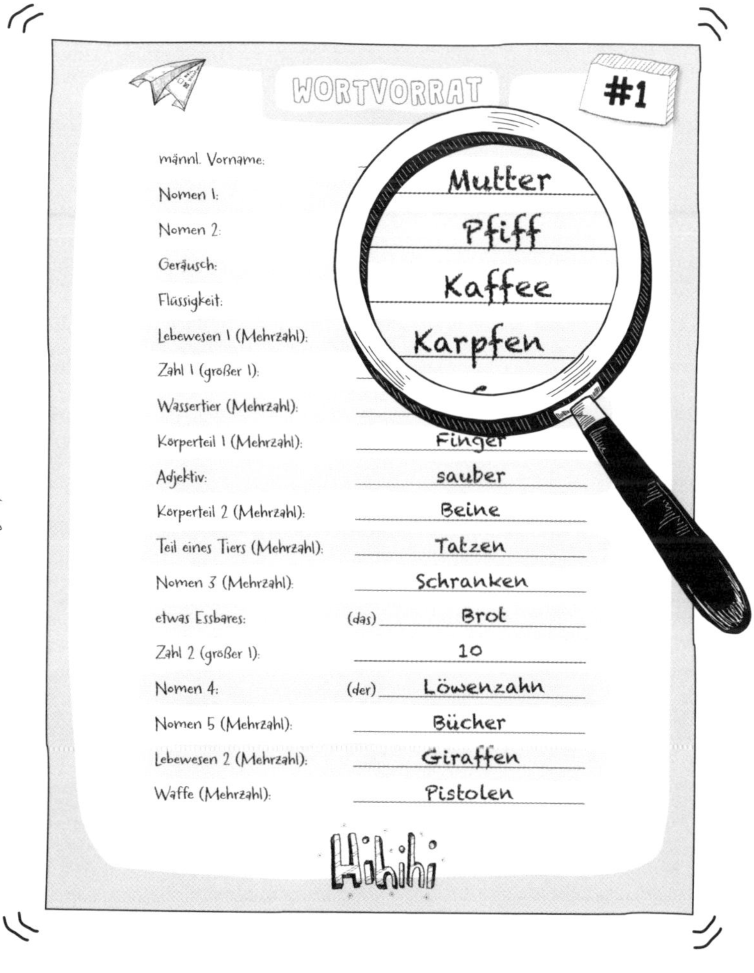

WORTVORRAT #1

männl. Vorname:	
Nomen 1:	Mutter
Nomen 2:	Pfiff
Geräusch:	Kaffee
Flüssigkeit:	Karpfen
Lebewesen 1 (Mehrzahl):	
Zahl 1 (größer 1):	
Wassertier (Mehrzahl):	
Körperteil 1 (Mehrzahl):	Finger
Adjektiv:	sauber
Körperteil 2 (Mehrzahl):	Beine
Teil eines Tiers (Mehrzahl):	Tatzen
Nomen 3 (Mehrzahl):	Schranken
etwas Essbares:	(das) Brot
Zahl 2 (größer 1):	10
Nomen 4:	(der) Löwenzahn
Nomen 5 (Mehrzahl):	Bücher
Lebewesen 2 (Mehrzahl):	Giraffen
Waffe (Mehrzahl):	Pistolen

Hihihi

Jetzt darfst du umblättern und beginnen,
die VERRÜCKTE LÜCKEN-Geschichte zu lesen.

#1

DIE GESCHICHTE UNSERER WELT

Lehrer: _____Dieter_____ , wiederhole bitte, was wir in der letzten Stunde darüber
männl. Vorname

gelernt haben, wie das __Riesenrad__ auf unserer __Mutter__ entstand
Nomen 1 Nomen 2

und wie es sich entwickelte.

Schüler: Am Anfang, kurz nach dem Ur- __Pfiff__ , gab es erst mal gar nix.
Geräusch

Irgendwann bildeten sich im __Kaffee__ die ersten __Karpfen__ . Im
Flüssigkeit Lebewesen 1

Verlauf von etwa _____5_____ Jahren wurden aus ihnen __Wale__ , noch
Zahl 1 Wassertier

etwas später wuchsen ihnen dann __Finger__ und sie krabbelten an Land.
Körperteil 1

Lehrer: Bis jetzt ganz __sauber__ . Weiter!
Adjektiv

Schüler: Die ersten Landbewohner waren Reptilien. Manche hatten lange __Beine__ ,
Körperteil 2

andere besaßen __Tatzen__ und segelten damit durch die Luft. Es gab welche, die
Teil eines Tiers

fraßen nur __Schranken__ , andere ernährten sich von __Brot__ . Die
Nomen 3 etwas Essbares

größten Dinosaurier konnten __10__ Meter lang werden! Aus einem unbe-
Zahl 2

kannten Grund starben sie irgendwann aus. Manche vermuten, ein __Löwenzahn__ ,
Nomen 4

der vom Himmel auf die Erde fiel, sei dafür verantwortlich gewesen. Säugetiere übernahmen

die Herrschaft, die Urahnen vieler heutiger __Bücher__ und auch des Menschen
Nomen 5

entwickelten sich: zottige Affen- __Giraffen__ , die schwere
Lebewesen 2

Stein- __Pistolen__ schwangen.
Waffe

Lehrer: Und was wurde aus diesen Frühmenschen, nachdem sie ihren Pelz abgelegt hatten?

Schüler: Äh ... Lehrer?

Stößt du auf eine Lücke,
fügst du an der Stelle das geforderte
Wort aus dem WORTVORRAT ein.
So entsteht deine ganz persönliche,
abgedrehte und in vielen Fällen total unsinnige
VERRÜCKTE LÜCKEN-Geschichte.

Spielst du **VERRÜCKTE LÜCKEN** mit
deinen Freunden, bitte jeden Mitspieler
um ein Wort für den WORTVORRAT –
so lange, bis die Liste voll ist.

VORLESER

Ein Mitspieler wird zum Vorleser ernannt,
der eure **VERRÜCKTE LÜCKEN**–Geschichte vorliest,
indem er die zusammengetragenen Wörter an
den jeweiligen Stellen einsetzt.

Wichtig: Sollte es einmal vorkommen, dass ein Satz in einem ausgefüllten Lückentext ein bisschen holprig klingt, z. B. weil die Endung eines Nomens oder ein Verb nicht 100%ig in die Satzstruktur passen, kann es dafür zwei Gründe geben:

a) Du hast ein superungewöhnliches, total krankes Wort gewählt, das wir beim Ausdenken des Lückentexts unmöglich vorhersehen konnten.

b) Obwohl wir alles unternommen haben, sie ein bisschen zu zähmen, verhindert die knifflige deutsche Grammatik hier das reibungslose Funktionieren des Satzes.

So oder so, es ist nicht weiter schlimm. Wir sind hier nicht in der Schule und **VERRÜCKTE LÜCKEN** sollen vor allem eins:

SPAß MACHEN!

Und los geht's!

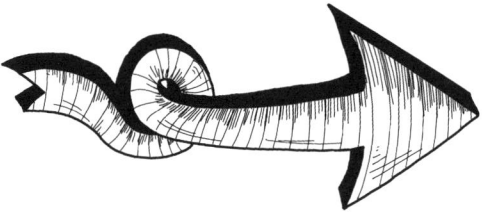

WORTVORRAT

Nomen 1:   (das) _____

Nomen 2:   (das) _____

Himmelskörper: (der) _____

Raum eines Hauses: (der o. das) _____

Verwandte (Mehrzahl):   _____

Nomen 3:   (die) _____

Flüssigkeit: _____

Nomen 4:   (der) _____

Verb: _____

Adjektiv: _____

Sportart: _____

Teil des Körpers: (die) _____

Teil des Hauses: (die) _____

Nomen 5:   (das) _____

Gefühl: (die) _____

Kleidungsstück: (die) _____

DER MÖRDER KOMMT IN DER NACHT

Mitten in der Nacht schrak ich aus dem Schlaf hoch. Ein _____

Nomen 1

hatte mich geweckt. Mein _____ war düster.

Nomen 2

Nur der _____ sandte ein paar trübe Lichtstrahlen durchs Fenster.

Himmelskörper

KRRRRKS! Eine der losen Bodendielen im _____ !

Raum eines Hauses

Nur … wer war draufgetreten? Meine _____ waren

Verwandte

über das Wochenende weggefahren, ich war ganz allein.

TAPP … TAPP … TAPP … Kein Zweifel: Jetzt kam jemand die _____

Nomen 3

hoch! Ich spürte, wie mir _____-Perlen auf die Stirn traten.

Flüssigkeit

Was sollte ich tun, wenn ein _____ ins Haus eingedrungen war und

Nomen 4

mich _____ wollte? _____ stand ich auf und holte meinen

Verb — Adjektiv

_____-Schläger aus dem Schrank. Wenn der Kerl es auf mich abgesehen

Sportart

hatte, wollte ich meine _____ so teuer wie möglich verkaufen!

Teil d. Körpers

Die Schritte waren jetzt genau vor meiner _____ .

Teil d. Hauses

Die Tür öffnete sich! Ich holte tief Luft, hob meinen Schläger …

„Schläfst du schon?" Ein zerknittertes _____ schob sich

Nomen 5

durch die Öffnung. „Deine _____ meinten,

Verwandte, s. o.

ich sollte hier übernachten, damit du keine _____ hast."

Gefühl

Vor Erleichterung machte ich mir fast in die _____ – es war meine Oma!

Kleidungsstück

Nachname 1: _____

Nomen 1 (Mehrzahl): _____

Gebäude: (das) _____

Nomen 2: (die) _____

Nachname 2: _____

Zahl (größer 1): _____

Nomen 3: (die) _____

Möbelstück (Mehrzahl): _____

Behälter (Mehrzahl): _____

Nomen 4 (Mehrzahl): _____

Raum eines Hauses: (das) _____

Adjektiv: _____

Tier (Mehrzahl): _____

Beruf (Mehrzahl): _____

Flüssigkeit: (das) _____

UNSICHTBARE BEUTE

Der Fall schien schon so gut wie gelöst: Kommissar _____ und
                                        Nachname 1

seine _____ hatten die Spur des Juwelenräubers von dem überfallenen
        Nomen 1

_____ bis zu einer Kellerwohnung verfolgt. Als sie an die
    Gebäude

_____ hämmerten, öffnete ihnen ein kleiner Mann.
    Nomen 2

Der Kommissar beschuldigte ihn, beim Juwelier _____
                                    Nachname 2

einen wunderschön geschliffenen Diamanten im Wert von _____ Euro
                                            Zahl

gestohlen zu haben. Doch der Mann lachte nur. „Durchsuchen sie ruhig meine

_____ ", schlug er vor.
    Nomen 3

Das ließ sich _____ nicht zweimal sagen:
        Nachname 1, s. o.

Er und seine _____ öffneten alle _____
        Nomen 1, s. o.   Möbelstück

und guckten in sämtliche _____ . Sie rollten sogar
                     Behälter

die _____ vom Boden hoch. Nichts!
    Nomen 4

Während der ganzen Zeit saß der Verdächtige im _____ und
                                 Raum e. Hauses

starrte _____ in ein großes Aquarium voller _____ .
        Adjektiv   Tier

Als die _____ schon unverrichteter Dinge abziehen wollten, hatte der
        Beruf

Kommissar eine Idee: Er griff in das Aquarium – und da war er, der Diamant!

Weil er durchsichtig war, hatte man ihn im _____ gar nicht gesehen.
                                         Flüssigkeit

„Sie sind verhaftet!", sagte _____ .
                     Nachname 1, s. o.

Ort: (die) _____

Kleidungsstück: (der) _____

Nomen 1: (die) _____

Zeiteinheit (Mehrzahl): _____

ausländischer Vorname (männl.): _____

Zahl (größer 1): _____

Nachname: _____

Nomen 2 (Mehrzahl): _____

Verb 1: _____

Nomen 3: (die) _____

Verb 2: _____

Nomen 4 (Mehrzahl): _____

dein Lieblingsbuch: _____

Nomen b (Mehrzahl): _____

Stadt: _____

Gebäude: (das) _____

Verb 3: _____

BERÜHMTE DETEKTIVE: SHERLOCK HOLMES

Einer der berühmtesten Detektive der _____ ist ohne jeden Zweifel

Ort

Sherlock Holmes. Der schlaue Ermittler mit dem karierten _____

Kleidungsstück

und der rauchenden _____ im Mund wurde vor über

Nomen 1

100 _____ von dem britischen Autor

Zeiteinheit

Arthur _____ Doyle erfunden.

ausländ. Vorname

In vier Romanen und mehr als _____ Kurzgeschichten

Zahl

ließ er Holmes und dessen treuen Begleiter Dr. _____

Nachname

zusammen auf Gaunerjagd gehen. Holmes' knifflige _____ waren

Nomen 2

sehr beliebt. Doch irgendwann hatte sein Schöpfer keine Lust mehr und ließ Holmes

kurzerhand _____ . Daraufhin schrieben Tausende Fans Briefe an Doyle,

Verb 1

in denen sie die _____ ihres Helden verlangten. Doyle musste neue

Nomen 3

Geschichten _____ .

Verb 2

Heute sind sie in nahezu alle _____

Nomen 4

der Erde übersetzt worden. Holmes-Bücher wurden häufiger verkauft als die

jedes anderen Autors. Ja, sogar öfter als _____ !

dein Lieblingsbuch

Die Geschichten sind verfilmt und in Comics und _____

Nomen 5

verwandelt worden. In _____ , der Heimatstadt des schlauen Ermittlers,

Stadt

gibt es sogar ein Sherlock-Holmes-_____ . Ob sich sein Schöpfer das je

Gebäude

hätte _____ lassen?

Verb 3

Nomen 1: (der) _____

Verb: _____

Nomen 2 (Mehrzahl): _____

Körperteil (Mehrzahl): _____

Nomen 3 (Mehrzahl): _____

Adjektiv 1: _____

Nomen 4 (Mehrzahl): _____

Nomen 5: (der) _____

Kleidungsstück (Mehrzahl): _____

Adjektiv 2: _____

Fahrzeug: (das) _____

Nomen 6: (das) _____

Abkürzung (3 Buchstaben): _____

DEM TÄTER AUF DER SPUR

Zu den wichtigsten Dingen, die Polizisten und Detektive am _____
Nomen 1

eines Verbrechens tun müssen, um einen Täter erfolgreich _____ zu
Verb

können, gehört das Sichern der _____ . Hier die wichtigsten Arten:
Nomen 2

    – **Fingerabdrücke:** Die _____ eines Menschen haben an der Spitze
Körperteil

ein Muster feiner _____ . Diese Muster sind bei allen Menschen
Nomen 3

_____ . Mithilfe der _____ , die sie hinterlassen,
Adjektiv 1   Nomen 4

lässt sich ein Verbrecher im Handumdrehen _____ .
Verb, s. o.

    – **Fußspuren:** Abdrücke auf festem _____ verraten uns,
Nomen 5

welches Profil die _____ des Täters hatten. Abdrücke in
Kleidungsstück

weichem _____ geben durch ihre Tiefe Aufschluss darüber,
Nomen 5, s. o.

wie _____ der Gesuchte ist.
Adjektiv 2

    – **Reifenspuren:** An ihnen lässt sich ablesen, welche Reifenmarke am

_____ des Täters installiert war. Oft kann man daraus
Fahrzeug

auf das _____ rückschließen.
Nomen 6

    – **Blutspuren:** eklig, aber nützlich. Anhand der in seinem Blut enthaltenen

_____ lässt sich ein Mensch einwandfrei _____ .
Abkürzung   Verb, s. o.

Nomen 1: (die) _____

Adjektiv: _____

Nomen 2: (die) _____

Körperteil (Mehrzahl): _____

Nomen 3: (das) _____

Nomen 4: (der) _____

Nomen 5 (Mehrzahl): _____

Land: _____

Beruf (Mehrzahl): _____

Stadt 1: _____

Stadt 2: _____

Stadt 3: _____

Zahl (größer 1): _____

Ausruf: _____

Wochentag: _____

Ort (Mehrzahl): _____

elektr. Gerät (Mehrzahl): _____

Verb: _____

EINE KRIMINELLE ERFOLGSGESCHICHTE

„Tatort" – so heißt die älteste Krimi-_____ im deutschen Fernsehen.
                                          Nomen 1

Die ersten Folgen liefen schon, als deine Eltern noch ganz _____ waren.
                                                              Adjektiv

(Vielleicht waren sie auch noch gar nicht geboren.) Bestimmt kennst du die dramatische

Titel-_____ , die sich seit der ersten Folge nicht geändert hat,
       Nomen 2

oder die rennenden _____ im Vorspann, gefolgt von einem
                      Körperteil

_____ in einem Fadenkreuz.
   Nomen 3

Jede „Tatort"-Folge bietet einen spannenden _____ .
                                                Nomen 4

Regionale TV-Sender nahezu aller deutschen _____ tragen
                                              Nomen 5

Geschichten bei, außerdem _____ und die Schweiz.
                            Land

Deswegen gibt es jedes Mal andere _____ , je nachdem,
                                    Beruf

ob eine Folge in _____ , _____ oder
                  Stadt 1   Stadt 2

_____ spielt.
   Stadt 3

Bei jeder neuen Folge schalten über _____ Menschen ein –
                                      Zahl

_____ ! Viele Fans treffen sich am _____-Abend
   Ausruf   Wochentag

mit Freunden, um neue Folgen gemeinsam anzuschauen. Es gibt sogar

_____ , die extra große _____ aufstellen,
   Ort   elektr. Gerät

damit ihre Gäste in Ruhe _____ können.
                          Verb

Hast du schon mal einen „Tatort" gesehen?

Nachname 1: _____

Zahl (größer 1): _____

Material 1: _____

Raum eines Hauses: (das) _____

Beruf (Mehrzahl): _____

Nachname 2: _____

Nomen 1: (das) _____

Zeiteinheit (Mehrzahl): _____

Material 2: _____

Sinnesorgan (Mehrzahl): _____

Nomen 2: (das) _____

Nomen 3 (Mehrzahl): _____

Adjektiv: _____

Körperteil: (die) _____

Nomen 4: (der) _____

WANTED
12€ BELOHNUNG

VERPLAPPERT!

Frau _____ hat die Polizei verständigt. Aus ihrer Villa wurde eine
   Nachname 1

Geldkassette gestohlen. Inhalt: _____ Euro in bar und drei Armbanduhren
                                        Zahl

aus purem _____ . Das Fenster zum _____
              Material 1   *Raum e. Hauses*

stand offen, auf der anderen Straßenseite befindet sich eine Baustelle.

Frau _____ ist überzeugt, dass nur einer der
      Nachname 1, s. o.

_____ als Täter infrage kommt.
   Beruf

Auf der Baustelle trifft Kommissar _____ drei Männer an.
                                         Nachname 2

„Aus dem _____ gegenüber wurde Geld gestohlen", erklärt er.
             Nomen 1

„Wo waren Sie in den letzten zwei _____ ?"
                                        Zeiteinheit

„Ich habe _____ angerührt", erklärt der erste Mann. „Dabei darf
              Material 2

man das Mischgerät keine Sekunde aus den _____ lassen."
                                                  Sinnesorgan

„Ich habe oben auf dem _____ gearbeitet", behauptet der zweite.
                            Nomen 2

„Und ich habe drinnen _____ verlegt", sagt der dritte.
                            Nomen 3

Das alles ist nicht sehr hilfreich. Als der Kommissar _____ das Gesicht
                                                            Adjektiv

verzieht, klopft ihm einer der Männer aufmunternd auf die _____ .
                                                                Körperteil

„Keine Sorge. Sie finden das Geld und die Armbanduhren bestimmt wieder."

„Sie sind verhaftet!", ruft _____ da. „Ich habe gar nicht erwähnt,
                                  Nachname 2, s. o.

dass auch Uhren verschwunden sind. Das konnte nur der _____ wissen!"
                                                              Nomen 4

männl. Vorname: _____

Nomen 1: (der) _____

Stadt: _____

Zahl 1 (größer 1): _____

Adjektiv: _____

Nomen 2: (die) _____

etwas zum Lesen: (der) _____

Nomen 3 (Mehrzahl): _____

Nomen 4 (Mehrzahl): _____

Nomen 5 (Mehrzahl): _____

Nomen 6 (Mehrzahl): _____

Zahl 2 (größer 1): _____

Verb: _____

DIE GRÖßTEN KRIMINALFÄLLE DER WELT: „_____ THE RIPPER"
MÄNNL. VORNAME

Der vielleicht berühmteste _____ aller Zeiten konnte nie gefasst werden:
Nomen 1

_____ the Ripper.
männl. Vorname, s. o.

Im Jahre 1888 brachte dieser mysteriöse Verbrecher in _____ , der Haupt-
Stadt

stadt von England, insgesamt _____ Frauen um. Obwohl seine Taten
Zahl 1

extrem _____ waren und oft auf offener Straße passierten, gelang es
Adjektiv

der _____ nicht, dem Unbekannten auf die Schliche zu kommen.
Nomen 2

Bald fühlte sich der _____ so sicher, dass er einen
Nomen 1, s. o.

_____ an eine große Zeitung schrieb, in dem er mit
etwas zum Lesen

seinen Taten protzte. Unterschrieben war die Botschaft: „Hochachtungsvoll,

_____ the Ripper".
männl. Vorname, s. o.

Unzählige Leute wurden damals verdächtigt, der Ripper zu sein. Doch keinem

von ihnen konnten die grässlichen _____ nachgewiesen werden.
Nomen 3

Das Rätsel um _____ the Ripper fasziniert die Menschen
männl. Vorname, s. o.

bis heute. So wurden _____ über seine geheimnisvollen Untaten
Nomen 4

gedreht, Musiker schrieben _____ darüber, es gibt Bücher,
Nomen 5

_____ , Computerspiele und vieles mehr.
Nomen 6

Ob _____ damals wohl ahnte, dass man noch
männl. Vorname, s. o.

_____ Jahre später über ihn _____ würde?
Zahl 2   *Verb*

Beruf (Mehrzahl): _____

Nomen 1 (Mehrzahl): _____

Körperteil (Mehrzahl): _____

Land: _____

Nomen 2: (die) _____

Nomen 3: (die) _____

Nomen 4 (Mehrzahl): _____

Verb 1: _____

Verb 2: _____

öffentliches Gebäude: (der o. das) _____

Nomen 5 (Mehrzahl): _____

Material: _____

Sinnesorgan (Mehrzahl): _____

Lebewesen (Mehrzahl): _____

Nomen 6: (die) _____

Adjektiv: _____

Verb 3: _____

Tier (Mehrzahl): _____

DIE COPS MIT DEM GUTEN RIECHER

_____ jagen Verbrecher – klar. Aber wusstest du, dass manche

Beruf

Polizei-_____ mehr als zwei _____ haben?

Nomen 1 _Körperteil_

Polizei- oder Diensthunde sind in _____ heute etwas ganz Alltägliches.

Land

Bevor sie eingesetzt werden können, erhalten die Tiere zunächst eine besondere

_____ . Am Ende muss jeder Hund eine _____

Nomen 2 _Nomen 3_

machen. Besteht er sie, kann er für folgende Aufgaben eingesetzt werden:

– **Schutz- oder Wachhunde** bewachen _____ oder Personen.

Nomen 4

Sie können auch Verbrecher _____ , die _____ wollen.

Verb 1 _Verb 2_

– **Spürhunde** suchen im _____ oder an Grenzübergängen

öffentl. Gebäude

nach verbotenen oder gefährlichen Gütern. Das können _____

Nomen 5

sein oder auch Spreng-_____ . Dank ihrer ausgezeichneten

Material

_____ können sie selbst kleine Mengen davon mühelos auf-

Sinnesorgan

spüren. Spürhunde werden auch eingesetzt, um vermisste _____

Lebewesen

zu finden, wenn diese sich verirrt haben oder in den Bergen eine

_____ abgegangen ist.

Nomen 6

Interessant: Weil sie fast ebenso _____ sind wie Hunde

Adjektiv

und genauso gut _____ können, setzt die Polizei

Verb 3

zuweilen auch _____ als Schnüffelhelfer ein.

Tier

 WORTVORRAT

 #9

männl. Vorname: _____

Nachname: _____

Nomen 1: (der o. das) _____

Zahl 1 (zw. 0 und 24): _____

Zahl 2 (größer 1): _____

Nomen 2: (die) _____

Teil des Gesichts (Mehrzahl): _____

Sinnesorgan: (das) _____

Ausruf: _____

Nomen 3: (der) _____

Nomen 4: (die) _____

Verb: _____

Ort: (das) _____

Beruf: (der) _____

NEULICH AUF DER POLIZEIWACHE

Polizist: Sie sind _____ _____ ?
männl. Vorname   Nachname

Mann: So steht's zumindest in meinem _____ .
Nomen 1

Polizist: Stimmt es, dass Sie heute gegen _____ Uhr
Zahl 1

einer etwa _____-jährigen Dame in der Fußgängerzone
Zahl 2

die _____ weggenommen haben?
Nomen 2

Mann: *(überlegt)* Äh, ja. Das hab ich wohl. Aber ich bin unschuldig.

Polizist: *(hebt die _____)* Wie bitte?
Teil d. Gesichts

Mann: Die Alte hatte mich *gebeten*, ihre _____ zu nehmen!
Nomen 2, s. o.

Polizist: Und dass Sie der Frau ein blaues _____ verpassen,
Sinnesorgan

darum hat sie Sie vermutlich auch gebeten?

Mann: Ja. Ja, genau!

Polizist: _____ ! In diesem _____ macht man was mit!
Ausruf   Nomen 3

Aber schön. Zufälligerweise gibt die Dame nebenan gerade ihre _____
Nomen 4

zu Protokoll. Sicher haben Sie nichts dagegen, wenn wir sie kurz hereinrufen und

_____ ?
Verb

Mann: Was? Eöhh … Also, vielleicht stecken Sie mich doch lieber

gleich ins _____ , Herr _____ !
Ort   Beruf

Nomen 1:   (der) _____

Teil eines Autos: (das) _____

Automarke: _____

Nomen 2:   (der) _____

Zahl: _____

Flüssigkeit: (der) _____

Verb 1:   _____

Nomen 3:   (die) _____

Nomen 4:   (das) _____

Geräusch: (das) _____

etwas aus Gummi (Mehrzahl): _____

Material: (der) _____

Ausruf: _____

Haustier (Mehrzahl):   _____

Verb 2:   _____

Nomen 5:   (die) _____

Fahrzeug: (der) _____

Nomen 6:   (die) _____

NIX WIE HINTERHER!

Laut heulte der _____ im Dienstwagen von Kommissar Klotz auf,
Nomen 1

als er mit Wucht aufs _____ trat. Die Bankräuber flohen in einem
Teil eines Autos

schwarzen _____ und ihr _____ wuchs schnell.
Automarke _Nomen 2_

Ihr Wagen musste mindestens _____ PS haben! Heißer
Zahl

_____ floss Klotz über die Stirn. Die Täter durften unter
Flüssigkeit

keinen Umständen _____ ! In diesem Moment bog der schwarze
Verb 1

Wagen vor ihm um eine scharfe _____ . Auch der Kommissar riss
Nomen 3

das _____ herum. Mit einem ohrenbetäubenden _____
Nomen 4 _Geräusch_

glitten die _____ über den _____ .
etwas aus Gummi _Material_

„_____ !", fluchte Klotz und beschleunigte. Da sprangen von rechts
Ausruf

zwei _____ auf die Fahrbahn! Im letzten Moment konnte
Haustier

der Kommissar _____ . Ein Stück voraus sah er den Wagen
Verb 2

der Räuber um eine weitere _____ biegen. Er blinzelte. Konnte das sein?
Nomen 3, s. o.

Im Näherkommen stellte er fest, dass er sich nicht getäuscht hatte: Dies war eine

Einbahn-_____ – und die Gauner waren von der falschen Seite
Nomen 5

hineingebrettert! Schon hörte er _____ quietschen.
etwas aus Gummi, s. o.

Was für ein Glück: Von der anderen Seite kam ein großer _____
Fahrzeug

durch die Gasse. Die Bankräuber saßen in der _____ ,
Nomen 6

Kommissar Klotz brauchte sie nur noch einzusammeln!

Beruf 1: (der) _____

Nomen 1: (der o. das) _____

Zahl 1 (größer 1): _____

Farbe: _____

englisches Wort 1 (Nomen): _____

Verb 1: (er/sie/es) _____

Nomen 2: (der) _____

Beruf 2 (Mehrzahl): _____

Nomen 3 (Mehrzahl): _____

englisches Wort 2 (Nomen): _____

Nomen 4 (Mehrzahl): _____

Verb 2: (er/sie/es) _____

Waffe: (die) _____

Adjektiv: _____

ausländischer Vorname (männl.): _____

Zahl 2 (größer 1): _____

Nomen 5: (die) _____

BERÜHMTE DETEKTIVE: MISS MARPLE

Vor über 80 Jahren erfand die britische Autorin Agatha Christie eine ungewöhnliche

_____-Figur, die heute noch jeder _____-Liebhaber
　　　　　　Beruf 1　　　　　　　　　　　　　　　　　　Nomen 1

kennt: Jane Marple. Miss Marple ist ca. _____ Jahre alt und
　　　　　　　　　　　　　　　　　　　　　　Zahl 1

_____-haarig. Sie wohnt in einer kleinen englischen Ortschaft
　　　　Farbe

namens „ _____ Mead" und _____ gern.
　　　　　　engl. Wort 1　　　　　　　　　　　　　Verb 1

Passiert in der Umgebung ein _____ , der die
　　　　　　　　　　　　　　　　　Nomen 2

_____ vor Rätsel stellt, nimmt sie sich der Sache an –
　　Beruf 2

und überführt am Ende jedes Mal die _____ .
　　　　　　　　　　　　　　　　　　　　Nomen 3

Obwohl die Miss-Marple-Geschichten für heutige Verhältnisse wenig

_____ bieten (es gibt kaum _____ ,
　　engl. Wort 2　　　　　　　　　　　　　　　Nomen 4

auch kommt es selten vor, dass jemand _____ oder mit
　　　　　　　　　　　　　　　　　　　　　Verb 2

einer _____ hantieren muss), waren und sind sie auf der
　　　　　Waffe

ganzen Welt sehr _____ .
　　　　　　　　　　Adjektiv

Neben Miss Marple erfand Agatha Christie mit dem Belgier _____
　　　　　　　　　　　　　　　　　　　　　　　　　　　　　ausländ. Vorname

Poirot noch einen weiteren _____ , der ebenfalls sehr
　　　　　　　　　　　　　　　Beruf 1, s. o.

_____ wurde. Insgesamt sollen sich über _____
　　Adjektiv, s. o.　　　　　　　　　　　　　　　　　　　　Zahl 2

Milliarden Bücher mit ihren Geschichten verkauft haben. Das macht Agatha Christie

zu einer der erfolgreichsten Autorinnen der _____ .
　　　　　　　　　　　　　　　　　　　　　　Nomen 5

Nachname 1: _____

Adjektiv 1: _____

Beruf: (der) _____

Teil des Gesichts 1: (die) _____

elektr. Gerät: (der o. das) _____

Teil des Gesichts 2: _____

Nachname 2: _____

Verb: _____

Nomen 1: (der) _____

Körperteil: (der) _____

Adjektiv 2: _____

Nomen 2 (Mehrzahl): _____

Zeiteinheit (Mehrzahl): _____

EIN EISKALTER MORD

Als Kommissar _____ an einem eisigen Januarmorgen
(Nachname 1)

den Tatort betrat, lag Dr. Schluntz reglos im Eingangsbereich auf dem Boden.

Er war _____ , das sah man auf den ersten Blick. „Todesursache?",
(Adjektiv 1)

wollte der Kommissar vom Polizei-_____ wissen.
(Beruf)

„Erstochen. Vor einer halben Stunde. Aber es fehlt die Tatwaffe."

Der Kommissar runzelte die _____ .
(Teil d. Gesichts 1)

„Am _____ hieß es, wir hätten einen Tatverdächtigen?"
(elektr. Gerät)

Sein Kollege deutete auf einen Mann mit Schnurrbart und Haken-_____ .
(Teil d. Gesichts 2)

„Erwin _____ . Nachbarn hörten ihn und das Opfer
(Nachname 2)

laut _____ , dann einen gellenden _____ .
(Verb)   (Nomen 1)

Da verständigten sie uns. _____ war noch hier, als wir eintrafen."
(Nachname 2, s. o.)

Der Kommissar sah den Verdächtigen streng an. „Haben Sie Schluntz umgebracht?"

_____ schüttelte den _____ .
(Nachname 2, s. o.)   (Körperteil)

„Wie denn – ohne Tatwaffe?"

_____ starrte _____ durchs Fenster hinaus.
(Adjektiv 2)   (Nachname 1, s. o.)

Armlange Eis-_____ hingen von der Dachrinne des Hauses.
(Nomen 2)

Da kam ihm die Idee. „Die _____ ! Sie haben ein Exemplar benutzt,
(Nomen 2, s. o.)

um Schluntz damit zu erstechen! Die Tatwaffe ist innerhalb weniger _____
(Zeiteinheit)

geschmolzen. Sie sind verhaftet!"

Nomen 1 (Mehrzahl): _____

elektr. Gerät: (der o. das) _____

Nomen 2: (die) _____

Nomen 3 (Mehrzahl): _____

Verb 1: _____

Nomen 4: (die) _____

Nomen 5 (Mehrzahl): _____

Verb 2: _____

Material: (das) _____

Adjektiv 1: _____

Nomen 6: (das) _____

Nomen 7: (der o. das) _____

Adjektiv 2: _____

Beruf: (der) _____

DIE AUSRÜSTUNG EINES DETEKTIVS

Du willst selbst auf Gaunerjagd gehen und knifflige _____ lösen, genau
Nomen 1

wie die berühmten Ermittler aus den Krimis im Kino oder im _____ ?
elektr. Gerät

Dann brauchst du die richtige _____ ! Nicht fehlen dürfen:
Nomen 2

   – **Lupe:** Vergrößert alle _____ ,
Nomen 3

auf die du am Tatort möglicherweise stößt.

   – **Pinzette:** Mit ihr lassen sich selbst winzige Beweisstücke

_____ und für die spätere _____ beiseitelegen.
Verb 1   Nomen 4

   – **Gummihandschuhe:** Helfen dir, selbst keine _____
Nomen 5

zu hinterlassen, wenn du am Tatort etwas _____ musst.
Verb 2

   – **Fingerabdruckpulver** (z. B. geriebenes _____ aus der Mine
Material

eines Bleistifts)**:** Damit lassen sich die _____
Nomen 5, s. o.

möglicher Täter _____ machen; mit einem Stück
Adjektiv 1

Klebe-_____ kannst du sie anschließend vom
Nomen 6

_____ abziehen und auf eine Karteikarte kleben.
Nomen 7

   – **Taschenlampe:** Benötigst du, um dich am Tatort umzuschauen,

wenn es dort _____ ist.
Adjektiv 2

Hast du alles? Dann steht deiner Karriere als berühmter _____
Beruf

nichts mehr im Wege.

WORTVORRAT

#14

Abschnitt des Tages: (der) _____

Getränk: _____

Raum eines Hauses: (das) _____

Möbelstück: (der o. das) _____

Nomen 1: (die) _____

Farbe 1: _____

Waffe: (das) _____

Adjektiv: _____

Nomen 2 (Mehrzahl): _____

Nomen 3: (die) _____

Körperteil: (der o. das) _____

Geräusch: (der o. das) _____

Farbe 2: _____

Sinnesorgan (Mehrzahl): _____

Nomen 4: (das) _____

etwas Essbares (Mehrzahl): _____

SCHRECK IN DER ABENDSTUNDE

Spät am _____ bekam ich Lust auf ein Glas _____

Abschnitt d. Tages — Getränk

und was Süßes. Ich stand auf und schlich die Treppe runter.

Mama lag im _____ auf dem _____

Raum e. Hauses — Möbelstück

und sah einen Fernsehkrimi: Eine junge _____ floh im Dunkeln

Nomen 1

vor einem Mann in _____ . Der Kerl hielt ein _____

Farbe 1 — Waffe

in der Hand. Gebannt starrte Mama auf die Mattscheibe.

Bestimmt hatte sie etwas dagegen, wenn ich um diese Zeit noch naschte.

Aber wenn ich _____ genug war, konnte ich vielleicht

Adjektiv

unbemerkt hinter dem _____ vorbeischleichen.

Möbelstück, s. o.

Im Fernseher peitschten _____ durch die Nacht. Offenbar war

Nomen 2

die _____ aufgetaucht. Doch der Mörder hatte sein Opfer bereits

Nomen 3

erreicht! Schon näherte sich sein _____ ihrem _____ …

Waffe, s. o. — Körperteil

Krrrcks! Unter meinem Fuß knirschte ein Kartoffelchip. Mit einem

_____ sprang Mama auf. Ihr Gesicht war knall-_____ ,

Geräusch — Farbe 2

ihre _____ aufgerissen. „Spinnst du? Mir wäre fast das

Sinnesorgan

_____ stehen geblieben!", keuchte sie.

Nomen 4

„Ich wollte dich nicht erschrecken!", entschuldigte ich mich. Ich holte uns zwei Gläser

_____ und _____ . Dann schauten wir gemein-

Getränk, s. o. — etwas Essbares

sam den Krimi zu Ende.

WORTVORRAT

#15

Nomen 1 (Mehrzahl): _____

Ort: (das) _____

Adjektiv 1: _____

Nomen 2 (Mehrzahl): _____

Adjektiv 2: _____

Möbelstück 1: (das) _____

Möbelstück 2: (der) _____

Möbelstück 3: (der) _____

Raum eines Hauses: (das) _____

Nomen 3 (Mehrzahl): _____

Verb 1: _____

Verb 2: _____

Nomen 4 (Mehrzahl): _____

Verb 3: _____

Nomen 5: (das) _____

ENDSTATION FÜR GAUNER

Was passiert, wenn Räuber, Mörder und andere _____ erwischt werden?
                                                    Nomen 1

Richtig: Sie werden verurteilt und müssen ins _____ – je nachdem, was sie
                                                    Ort

angestellt haben, für kurze oder längere Zeit.

Das Leben im _____ ist nicht wirklich _____ ,
                  Ort, s. o.   Adjektiv 1

aber das soll es auch nicht sein. Die _____ der Sträflinge
                                           Nomen 2

sind meist nicht sonderlich _____ und verfügen selten
                                 Adjektiv 2

über mehr Möbel als ein _____ und einen
                             Möbelstück 1

_____ mit _____ .
     Möbelstück 2   Möbelstück 3

Das _____ ist im selben Zimmer untergebracht.
        Raum eines Hauses

Internet oder _____ gibt es nicht. _____
                   Nomen 3   Verb 1

und _____ gehören daher zu den häufigsten Freizeitbeschäftigungen.
         Verb 2

Einmal am Tag darf man für eine Stunde in den Hof. Wer sich gut benimmt, wird

für _____ außerhalb des Geländes eingesetzt. Oft gibt es auch Werk-
         Nomen 4

stätten, wo die Sträflinge _____ und sich etwas dazuverdienen können.
                                Verb 3

Trotz allem ist der Aufenthalt im _____ eine eher triste Sache.
                                        Ort, s. o.

Jeder Sträfling ist froh, wenn er wieder hinaus darf.

Anschließend überlegt er sich hoffentlich zweimal, ob er

noch einmal gegen das _____ verstößt.
                            Nomen 5

Nomen 1:   (der) _____

Nomen 2 (Mehrzahl):   _____

Fahrzeug 1:   (der) _____

Nomen 3:   (das) _____

Lebewesen (Mehrzahl):   _____

Bauwerk: (die) _____

Fahrzeug 2 (Mehrzahl):   _____

Nomen 4:   (die) _____

Zahl (größer 1):   _____

Nomen 5 (Mehrzahl):   _____

Kleidungsstück (Mehrzahl):   _____

Zeiteinheit (Mehrzahl):   _____

Nomen 6:   (die) _____

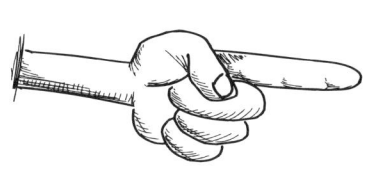

WANTED
12€ BELOHNUNG

DIE GRÖSSTEN KRIMINALFÄLLE DER WELT:
DER GROSSE EISENBAHNRAUB

Über ein Jahr lang hatte eine englische Gaunerbande ihren _____
Nomen 1

geplant. Im August 1963 war es so weit: Indem sie mehrere _____
Nomen 2

verstellten, gelang es ihnen, einen _____ der englischen Post,
Fahrzeug 1

der eine große Menge _____ transportierte, auf einem
Nomen 3

abgelegenen Gleisstück zu stoppen. Die Räuber überwältigten die

mitreisenden _____ , koppelten den Packwagen ab
Lebewesen

und rollten ihn auf eine _____ , unter der sie bereits mehrere
Bauwerk

_____ bereitgestellt hatten. Nun brauchten sie nur noch die
Fahrzeug 2

mit _____ gefüllten Säcke hinunterzuwerfen, sie zu verladen
Nomen 3, s. o.

und sich schleunigst aus dem Staub zu machen.

Die _____ , die sie auf diese Weise kassierten, war unerhört:
Nomen 4

umgerechnet über _____ Millionen Euro!
Zahl

Obwohl die Gauner während des Überfalls _____ und
Nomen 5

_____ getragen hatten, wurde fast die ganze Bande
Kleidungsstück

innerhalb der nächsten zwölf _____ erwischt und verhaftet.
Zeiteinheit

Nur zwei von ihnen gelang die _____ .
Nomen 6

Erst Jahre später konnten auch sie gefasst werden. Von ihrer gigantischen

_____ jedoch tauchte gerade mal ein Zehntel wieder auf.
Nomen 4, s. o.

#17

Nomen 1 (Mehrzahl): _____

Zahl (größer 1): _____

männl. Spitzname: _____

männl. Vorname: _____

Haustier: (der) _____

Nomen 2 (Mehrzahl): _____

Bauwerk (Mehrzahl): _____

Ort (Mehrzahl): _____

Nomen 3 (Mehrzahl): _____

Nomen 4: (der o. das) _____

Fabelwesen: (der o. das) _____

Beruf (Mehrzahl): _____

Lebewesen (Mehrzahl): _____

Verb: _____

BERÜHMTE DETEKTIVE: DIE FÜNF _____

NOMEN 1

Vor über _____ Jahren erfand die britische Schriftstellerin Enid Blyton
　　　　　　Zahl

einen der bekanntesten Detektivklubs aller Zeiten: die „Fünf _____ ".
　　　　　　　　　　　　　　　　　　　　　　　　　Nomen 1, s. o.

Bei diesen handelt es sich um vier Jugendliche namens Anne, Richard

(genannt „ _____ "), Julian, Georgina (genannt
　　　　männl. Spitzname

" _____ ") sowie Timmy, den _____ .
　　männl. Vorname　　　　　　　　　　　　　Haustier

Die Geschichten der Bande erschienen zunächst in Buchform,

später wurden sie verfilmt und auch als _____ auf CD
　　　　　　　　　　　　　　　　　Nomen 2

sowie in Form von Comics veröffentlicht. Häufig spielen unheimliche Orte

eine Rolle, z. B. verfallene _____ oder einsame _____ .
　　　　　　　　　Bauwerk　　　　　　　　　　　　　　　Ort

Zu Beginn scheint es oft, als hätten die rätselhaften _____ ,
　　　　　　　　　　　　　　　　　　　　　　　　Nomen 3

die die fünf untersuchen, eine übernatürliche Ursache. Spukt in dem

alten Gemäuer tatsächlich ein _____ ? Wird der
　　　　　　　　　　　Nomen 4

abgelegene See wirklich von einem _____ heimgesucht?
　　　　　　　　　　　　　　Fabelwesen

Doch fangen die Junior-_____ erst mal an zu ermitteln,
　　　　　　　　Beruf

finden sie schnell heraus, dass in Wirklichkeit bloß irgendwelche

_____ hinter der Sache stecken, die etwas Kriminelles im Sinn haben.
　　Lebewesen

Und natürlich _____ die Kids die Gauner am Ende jedes Mal!
　　　　　　Verb

Hast du schon einmal ein Abenteuer der „Fünf _____ " gelesen?
　　　　　　　　　　　　　　　　　　　　　Nomen 1, s. o.

WORTVORRAT

Adjektiv 1: _____

weibl. Vorname: _____

Name eines Supermarktes: _____

Nomen 1: (der) _____

Nomen 2: (der) _____

Nomen 3: (die) _____

Adjektiv 2: _____

elektr. Gerät: (der) _____

Adjektiv 3: _____

Adjektiv 4: _____

Farbe 1: _____

Farbe 2: _____

Zahl 1 (größer 1): _____

Teil des Gesichts: _____

Zahl 2 (größer 1): _____

Teil des Kopfes: (das) _____

PHANTOMBILDSALAT

Sichtlich _____ betritt Oma _____
            Adjektiv 1   weibl. Vorname

die Polizeiwache. „Ich bin überfallen worden!", ruft sie. „Vor dem

_____-Markt! Ein junger _____
Name eines Supermarktes   Nomen 1

hat mir meinen _____ entrissen und ist weggerannt!"
                    Nomen 2

Ein Polizist beruhigt die alte _____ und fragt, ob sie den Täter
                                   Nomen 3

beschreiben könne. „Natürlich", quiekt Oma _____ .
                                                weibl. Vorname, s. o.

„Ich habe ihn so _____ gesehen, wie ich SIE sehe!"
                     Adjektiv 2

„Ausgezeichnet. Dann fertigen wir ein Phantombild an." Der Polizist führt

sie zu einem _____ mit großem Monitor. „Kopfform?"
                 elektr. Gerät

„ _____ ! Nein, eher _____ . Oder?"
     Adjektiv 3   Adjektiv 4

Der Polizist klickt weiter. „Dann zuerst die Haare. Farbe?"

„ _____ ! Oder _____ ? Ähh …"
     Farbe 1   Farbe 2

Der Beamte seufzt. „Augen?"

„ _____ Stück!"
     Zahl

„ _____ ?"
     Teil. d. Gesichts

„Mitten im Gesicht!"

_____ Stunden später hat Oma _____
       Zahl 2   weibl. Vorname, s. o.

ein komplettes _____ zusammengepuzzelt. Der Polizist druckt das
                   Teil d. Kopfes

Bild aus. Es sieht exakt so aus wie er!

Nachname: _____

Beruf 1: (der) _____

Zahl 1 (zw. 0 und 24): _____

Getränk: (der) _____

Beruf 2: (die) _____

Flüssigkeit: (das) _____

Nomen 1: (der) _____

Adjektiv: _____

Nomen 2: (der) _____

Zahl 2 (zw. 0 und 24): _____

Nomen 3: (die) _____

Verb: _____

Nomen 4: (der) _____

EIN RÄTSELHAFTER MORD

Hauptkommissar Blontz war verzweifelt: Gerry _____ , der stadt-
Nachname

bekannte _____ , war ermordet worden und die Polizei hatte nicht
Beruf 1

nur keine Ahnung, von wem – sie wusste nicht einmal, *wie!*

Gegen _____ Uhr war _____
Zahl 1 Nachname, s. o.

in seinem Büro tot umgefallen. Kurz zuvor hatte er eine Tasse _____
Getränk

zu sich genommen, die seine _____ ihm eingeschenkt hatte.
Beruf 2

Todesursache: _____ . Da sich am _____ des Opfers
Flüssigkeit Nomen 1

keine Einstichstellen finden ließen, musste es das tödliche _____
Flüssigkeit, s. o.

über den Mund aufgenommen haben. So weit, so _____ .
Adjektiv

Der Hauptkommissar ließ zunächst den _____ untersuchen,
Getränk, s. o.

doch der war in Ordnung. Als Nächstes sprach Blontz mit der Ehefrau. Sie berichtete,

ihr _____ habe an diesem Morgen daheim nichts gefrühstückt.
Nomen 2

Er sei gegen _____ Uhr aufgestanden, kurz im Bad verschwunden,
Zahl 2

weil er duschen und sich die Zähne putzen wollte, dann sei er zur _____ .
Nomen 3

Da hatte Blontz eine Idee: Er ließ die *Zahnpasta* des Opfers _____ .
Verb

Siehe da: Ein starkes Nerven-_____ war drin!
Flüssigkeit, s. o.

Die Ehefrau hatte es hineingetan und _____
Nachname, s. o.

hatte es beim Zähneputzen aufgenommen. Der _____ war gelöst!
Nomen 4

Waffe: (die) _____

Kleidungsstück: (die) _____

Nomen 1: (der) _____

Verb 1: _____

Verb 2: _____

Adjektiv 1: _____

Nomen 2 (Mehrzahl): _____

Möbelstück: (der) _____

Zahl (größer 1): _____

Verb 3: _____

Adjektiv 2: _____

Uhrzeit: _____

Nomen 3: (die) _____

weibl. Vorname: _____

Beruf: (der) _____

BANKÜBERFALL MIT HINDERNISSEN

Mann: *(zieht eine _____ aus seiner _____)*
                        Waffe   Kleidungsstück

Keiner rührt sich! Dies ist ein _____ !
                                      Nomen 1

Kassierer: Bitte nicht _____ ! Ich bin zu jung zum _____ !
                                Verb 1   Verb 2

Mann: Keiner wird verletzt, wenn alle _____ bleiben.
                                              Adjektiv 1

Du da – gib mir sofort 300.000 Euro!

Kassierer: 300.000? Das geht nicht! Wir haben am Schalter nur kleine

_____ . Größere Geldmengen liegen im _____ .
       Nomen 2   Möbelstück

Mann: Dann machst du den verdammten _____ eben auf!
                                              Möbelstück, s. o.

Kassierer: Unmöglich. Er ist mit einem Zeitschloss gesichert und lässt sich nur

alle _____ Stunden öffnen.
          Zahl

Mann: Willst du mich _____ ? *(presst einer Kundin die Waffe an die Schläfe)*
                              Verb 3

Du gibst mir jetzt die Kohle oder die Alte ist _____ !
                                                      Adjektiv 2

Kassierer: Aber das geht erst um _____ Uhr!
                                          Uhrzeit

Kundin: Also, so lange kann *ich* auf *keinen* Fall bleiben! In zehn Minuten

muss ich meine _____ vom Kindergarten abholen
                      Nomen 3

und um vier kommt Tante _____ zum Kaffee.
                              weibl. Vorname

Anschließend muss ich zum _____ und danach …
                                Beruf

Mann: *(lässt genervt die Waffe sinken und rennt davon)*

Nomen 1 (Mehrzahl): _____

etwas zum Lesen: (der) _____

Adjektiv 1: _____

Nomen 2: (die) _____

Beruf: (der) _____

Adjektiv 2: _____

Adjektiv 3: _____

Nomen 3: (das) _____

Verb 1: _____

Nomen 4 (Mehrzahl): _____

Nomen 5 (Mehrzahl): _____

Nomen 6: (der) _____

Verb 2: _____

Nomen 7: (der) _____

Verb 3: _____

VERRÜCKT!

ANLEITUNG ZUM KRIMISCHREIBEN

Du liebst _____ und denkst dir gern Geschichten aus?
Nomen 1

Warum schreibst du dann keinen eigenen Kriminal-_____ ?
etwas zum Lesen

Das ist gar nicht so _____ , wie es klingt.
Adjektiv 1

Was muss ein guter Kriminal-_____ alles haben?
etwas zum Lesen, s. o.

1) Ermittler: die Hauptfigur. Es kann sich um einen Beamten der

Kriminal-_____ handeln oder um einen
Nomen 2

selbstständigen _____ mit eigenem Büro.
Beruf

2) Bösewicht: am besten möglichst _____ und
Adjektiv 2

_____ ! Er braucht ein _____ für seine Taten,
Adjektiv 3 _Nomen 3_

einen Grund, der ihn zum _____ veranlasst.
Verb 1

3) Verdächtige: je mehr, desto besser. Sie lenken den Verdacht

deiner _____ vom eigentlichen Bösewicht ab.
Nomen 4

4) Schauplatz: Viele _____ lieben exotische
Nomen 4, s. o.

_____ . Aber für den Anfang wählst du vielleicht besser
Nomen 5

einen _____ , wo du dich selbst ein wenig auskennst.
Nomen 6

5) Auflösung: Kann deine Hauptfigur den Fall _____ ? Muss der Böse-
Verb 2

wicht am Schluss in den _____ ? Oder kann er _____ ?
Nomen 7 _Verb 3_

WORTVORRAT

Zahl (größer 1): _____

Beruf 1 (Mehrzahl): _____

Gebäude 1: (das) _____

Beruf 2: (der) _____

etwas Hohes: (der) _____

Adjektiv 1: _____

Nomen 1: (die) _____

Land 1: _____

Nomen 2: (die) _____

Adjektiv 2: _____

Körperteil (Mehrzahl): _____

Land 2: _____

Verb: _____

Gebäude 2: (das) _____

Adjektiv 3: _____

DIE GRÖSSTEN KRIMINALFÄLLE DER WELT:
KÖNIG DER BETRÜGER

Einer der verrücktesten Kriminalfälle aller Zeiten trug sich vor knapp

_____ Jahren in Paris zu. Ein Betrüger namens Victor Lustig
Zahl

lud mehrere _____ zu einem vertraulichen Gespräch
Beruf 1

in ein nobles _____ ein. Er gab sich als
Gebäude 1

Regierungs-_____ aus und behauptete, die Stadt
Beruf 2

wolle den schlecht gepflegten und unbeliebten Eiffel-_____
etwas Hohes

als Alteisen verkaufen. Lustig war so _____ , dass einer der Männer
Adjektiv 1

ihm glaubte: Er gab dem Betrüger eine hohe _____ .
Nomen 1

Lustig nahm sie und floh nach _____ .
Land 1

Als sein Opfer den Betrug bemerkte, war ihm die Sache so peinlich,

dass es nicht zur _____ ging, um Anzeige zu erstatten.
Nomen 2

Lustig kehrte zurück und versuchte, den Trick ein zweites Mal anzuwenden:

Wieder bot er den _____ zum Verkauf an.
etwas Hohes, s. o.

Diesmal jedoch wurde einer der Interessenten _____ und ging
Adjektiv 2

zur _____ . Victor Lustig bekam kalte _____
Nomen 2, s. o.   Körperteil

und floh nach _____ . Dort verlegte er sich auf das
Land 2

_____ von Geldnoten. Jetzt erst wurde er erwischt und
Verb

landete im _____ . _____ , oder?
Gebäude 2   Adjektiv 3

Wochentag 1: _____

Wochentag 2: _____

Zahl 1: _____

Straßenname: _____

Zahl 2 (zw. 0 und 24): _____

Werkzeug: (der) _____

Teil des Hauses: (das) _____

Nomen 1: (der) _____

Nomen 2: (die) _____

Kleidungsstück (Mehrzahl): _____

Adjektiv: _____

Nomen 3: (der) _____

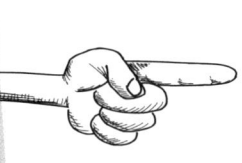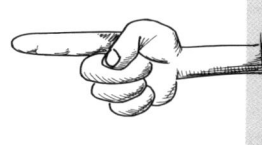

BEI NACHT SIND ALLE KATZEN GRAU

Richter: Angeklagter, Ihnen wird vorgeworfen, in der Nacht von

_____ auf _____ gewaltsam in das Haus
Wochentag 1   Wochentag 2

Nummer _____ in der Straße _____ eingedrungen zu sein.
Zahl 1   Straßenname

Angeklagter: Jawohl.

Richter: Gegen _____ Uhr sollen Sie mit einem _____
Zahl 2   Werkzeug

ein _____ eingeschlagen und sich so Zutritt verschafft haben.
Teil d. Hauses

Angeklagter: Ja.

Richter: Ein Nachbar wurde von dem _____ wach und verständigte
Nomen 1

die _____ . Die kam und verhaftete Sie. Bei der Untersuchung
Nomen 2

des Tatorts wurden vor dem _____ Spuren gefunden,
Teil d. Hauses, s. o.

die exakt zum Profil Ihrer _____ passen. Weiterhin fand man
Kleidungsstück

an _____ und _____ Ihre Fingerabdrücke.
Werkzeug, s. o.   Teil d. Hauses, s. o.

Angeklagter: Tja …

Richter: Sie sind also in das Haus eingebrochen, Angeklagter?

Angeklagter: Das ist richtig.

Richter: Sie bekennen sich also _____ ?
Adjektiv

Angeklagter: Nein. Es war doch mein eigenes Haus! Ich hatte

meinen _____ verloren – wie sollte ich reinkommen,
Nomen 3

mitten in der Nacht?

VERRÜCKTE 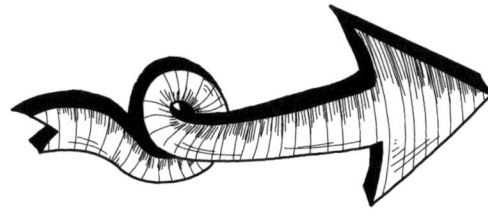 LÜCKEN

AUSFÜLLEN – VORLESEN – ABLACHEN

VERRÜCKTE LÜCKEN ist ein durchgedrehtes, ganz und gar unsinniges Textspiel, das man allein oder zusammen mit Freunden spielen kann.

DU BRAUCHST NOCH MEHR ABGEDREHTE GESCHICHTEN?

KEIN PROBLEM!

Das war's?

Schon alle Wortvorratslisten ausgefüllt,
aber du willst den Spaß mit anderen,
noch verrückteren Wörtern wiederholen?

 **WWW.VERRUECKTE-LUECKEN.DE**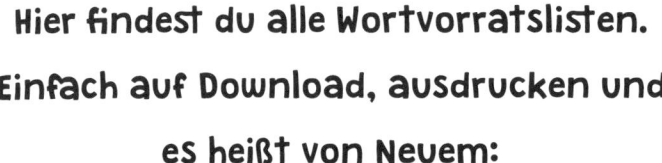

Hier findest du alle Wortvorratslisten.
Einfach auf Download, ausdrucken und
es heißt von Neuem:

AUSFÜLLEN – VORLESEN – ABLACHEN

#25

„RÄUBER MACHTEN REICHE BEUTE"

(aus der Tageszeitung „_____-KURIER")
                                    Stadt

Gestern um _____ Uhr betraten drei _____ das Laden-
                Uhrzeit   Nomen 1

geschäft des Juweliers _____ in der Straße _____ .
                            Nachname 1   Straßenname

Alle drei Eindringlinge trugen _____ auf dem Kopf,
                                    Kleidungsstück

einer war als _____ verkleidet, ein anderer als _____ ,
                    Tier 1   Tier 2

der dritte als Präsident von _____ . Die Unbekannten zückten
                                Land

_____ und zwangen _____ ,
        Waffe   Nachname 1, s. o.

ihnen insgesamt _____ _____
                    Zahl   Schmuckstück

aus purem _____ auszuhändigen. Anschließend
                Material

flohen die Täter in einem schwarzen _____ .
                                        Automarke

Die _____ , die wenig später am Tatort erschien, konnte keine
        Nomen 2

verwertbaren _____ sicherstellen. Der leitende Beamte,
                    Nomen 3

Kommissar _____ , zweifelte daher die Aussage des Juweliers an.
                Nachname 2

„Vielleicht gab es die angeblichen _____ gar nicht",
                                        Nomen 1, s. o.

erklärte er in einem Interview. „Möglich, dass _____
                                                    Nachname 1, s. o.

alles nur inszeniert hat, um seine _____ zu betrügen."
                                        Nomen 4

Der „_____-KURIER" wird weiter über den Verlauf
        Stadt, s. o.

der _____ berichten.
        Nomen 5

WORTVORRAT

Stadt: _____

Uhrzeit: _____

Nomen 1 (Mehrzahl): _____

Nachname 1: _____

Straßenname: _____

Kleidungsstück (Mehrzahl): _____

Tier 1: _____

Tier 2: _____

Land: _____

Waffe (Mehrzahl): _____

Zahl (größer 1): _____

Schmuckstück (Mehrzahl): _____

Material: _____

Automarke: _____

Nomen 2: (die) _____

Nomen 3 (Mehrzahl): _____

Nachname 2: _____

Nomen 4: (die) _____

Nomen 5 (Mehrzahl): _____

#24

BERÜHMTE DETEKTIVE: DIE DREI _____
NOMEN 1

Kinder mögen Geschichten, in denen sich mehrere _____
<small>Lebewesen</small>

zusammentun und gemeinsam Kriminalfälle _____ . Zu den
<small>Verb</small>

bekanntesten Detektivklubs zählen die „Drei _____ ".
<small>Nomen 1, s. o.</small>

Erfunden wurde die Krimiserie um die Teenager Justus, Peter und

_____ bereits in den 1960er Jahren in _____ .
<small>männl. Vorname</small>   <small>Land</small>

Etwas später wurden die ersten _____ ins Deutsche übersetzt.
<small>etwas zum Lesen</small>

Noch beliebter als die _____ wurden hierzulande aber rasch
<small>etwas zum Lesen, s. o.</small>

die _____ , die bald aus keinem Kinder-_____
<small>Nomen 2</small>   <small>Nomen 3</small>

mehr wegzudenken waren.

Die Rollen innerhalb der Geschichten sind klar verteilt: Justus, seines

Zeichens besonders _____ , ist der Boss. Peter, sportlich,
<small>Adjektiv 1</small>

aber auch ein bisschen _____ , ist die Nummer
<small>Adjektiv 2</small>

zwei. _____ ist ein Bücher _____
<small>männl. Vorname, s. o.</small>   <small>Tier</small>

und deswegen zuständig für Nachforschungen in der _____ .
<small>Gebäude</small>

Die Fälle der „Drei _____ " beginnen häufig mit einem
<small>Nomen 1, s. o.</small>

_____ , das so _____ ist, dass man zunächst
<small>Nomen 4</small>   <small>Adjektiv 3</small>

nicht sagen kann, ob vielleicht übernatürliche _____ am Werk sind.
<small>Nomen 5</small>

Am Ende klärt sich dann aber immer alles ganz _____ auf.
<small>Adjektiv 4</small>

MEGA

 # WORTVORRAT

Nomen 1 (Mehrzahl): _____

Lebewesen (Mehrzahl): _____

Verb: _____

männl. Vorname: _____

Land: _____

etwas zum Lesen (Mehrzahl): _____

Nomen 2 (Mehrzahl): _____

Nomen 3: (der o. das) _____

Adjektiv 1: _____

Adjektiv 2: _____

Tier: (der o. das) _____

Gebäude: (die) _____

Nomen 4: (das) _____

Adjektiv 3: _____

Nomen 5 (Mehrzahl): _____

Adjektiv 4: _____